Business French 4
Parallel Text
Finance & Accounting
Short Stories
French - English

www.polyglotplanet.ink

Business French 4

Learning Business French with parallel text is the most rewarding and effective method to learn a language. Existing vocabulary is refreshed, while new vocabulary is instantly put into practice. Our stories evolve around French business in marketing making the terms and phrases easier to remember in the learning process.

Learning Business French 4 with Parallel Text is recommended for beginners with a good basis of French-, intermediate level learners and as a refreshers course. The stories have been written to keep the readers attention and are fun to read for you to learn through your motivation.

What is Parallel Text?

There are various strategies to learn a foreign language. An important and increasingly popular method in language learning is reading parallel texts, also known as "bilingual texts" or "interlinear texts". Parallel texts include the translation in the learner's native language either below or next to the target language. Parallel text works best for Indo-European languages, as grammar, syntax and quite often vocabulary can be similar. This makes it easier to compare, process and memorise sentence structures, vocabulary and idioms.

Using parallel texts is a great way to learn a new language. Being able to use the new vocabulary in context helps students memorise the new words in different forms more quicker. For those who simply need to refresh their language skills, parallel text helps quickly revive some of those old brain connections!

Parallel texts give immediate feedback to the student, eliminating the need to look-up other recourses such as dictionaries or online translation tools. Moreover, comparing words, phrases and idioms in the two languages is incredibly useful for memorising them and becoming familiar with the sentence structure, which can increase your grammar skills while avoiding boring and often complicated theory! Most importantly, the language you are learning is put directly into context.

Although some linguists argue that learners should engage in 3-4 hours of learning a day, 20-30 minutes a day of reading a parallel text is more than enough. That makes parallel text a fantastic addition to the language course you might already be taking!

Other Business French Books:

Business French (1)
Parallel Text
Short Stories

Business French (2)
Parallel Text
Marketing
Short Stories

Business French (3)
Parallel Text
Management
Short Stories

Business French (4)
Parallel Text
Finance & Accounting
Short Stories

Business French (5)
Parallel Text
Industry & Trade
Short Stories

Table of Contents

PARALLEL TEXT   8

Parallel Text - Getting it off the
Ground   9

Parallel Text - Let the Games Begin   20

Parallel Text - It's a Team Sport   31

FRENCH   42

Mettre sur pied une chose   43

Que les jeux commencent   48

C'est un sport d'équipe   53

ENGLISH   58

Getting it off the Ground   59

Let the Games Begin   64

It's a Team Sport   68

Recommended Books   73

PARALLEL TEXT

Mettre sur pied une chose
Getting it off the Ground

Amber Menninger surprenait tout le monde et surtout ses parents hippie quand elle passait le diplôme de **comptable** au Colorado State College avec mention.
*Amber Menninger surprised everyone, not to mention her hippie parents, when she graduated with Honours from the **accounting** course at Colorado State College.*

Elle n'était pas très éloquente, mais ce qu'elle aimait, c'était les maths et les chiffres.
She wasn't articulate about much, but one thing she liked was math and figures.

La vie toutes ces années à la ferme lui enseignaient quelques leçons fondamentales sur les principes de l'**arithmétique**.
*Living on the farm all those years taught her some fundamental lessons on the principles of **arithmetics**.*

Dans le cas de sa famille, le mot décisif était soustraction.
In her family's case, the operative word was

9

subtraction.

Ils n'avaient jamais beaucoup dans sa jeunesse.
They never had much while she was growing up.

Cependant, ses parents avaient réussi à amortir lentement l'hypothèque et possédaient maintenant entièrement leur bien immobilier.
However, her parents had managed to slowly pay off the mortgage and currently owned their property outright.

Cela leur donnait des **capitaux propres** qui étaient fort utiles.
*This gave them **equity** that was about to come in handy.*

Enfin, le vent se tournait et elle pouvait sentir le succès.
There was finally a change in the wind and she could smell success.

Personne ne l'approuvait plus que son père, connu en tant que Buzz chez ses camarades.
No one agreed more with her on that than her Dad, who was known as Buzz to his pals.

Manifestement un vrai homme de la Renaissance ; au cours des années Buzz avait

au long des années cultivé quelques systèmes de croyance forts autour de l'usage de marijuana.
A true renaissance man to be sure; Buzz had cultivated some strong belief systems around marijuana usage over the years.

Il l'avait pour ainsi dire dans le sang.
It was in his blood, so to speak.

Le 6 novembre 2012, tout avait changé.
On November 6th, 2012 everything had changed.

L'état de Colorado avait adopté ce jour-là Amendment 64, qui légalisait l'usage de marijuana pendant les loisirs, y compris la culture commerciale et vente avec une licence.
The state of Colorado passed Colorado Amendment 64 that day legalising the recreational use of marijuana including commercial cultivation and sale with a license.

Le père d'Amber était extatique.
Amber's father was ecstatic.

Buzz déclarait lors d'une tasse de tisane qu'il allait cultiver commercialement et vendre de la marijuana ; voilà pour ce qui est des marches de protestation et des chansons de Bob Dylan.
Buzz announced over a cup of herbal tea that

11

he was going to grow and sell marijuana commercially; So much for protest marches and Bob Dylan songs.

Papa agissait en tant qu'entrepreneur.
Dad was going into business.

Nous devions avoir une comptabilité financière solide et qui pourrait tenir celle-ci mieux qu'un membre de la famille de confiance.
*He would need to provide solid **Financial Accountancy** and who better to provide this than a trusted family member.*

Sa première activité consistait à nominer sa fille en tant que responsable pour la finance et la comptabilité.
*His first line of business was to appoint his daughter in charge of **finance and accounting**.*

« Et quoi maintenant ? », demandait-il enthousiaste.
"So where do we go from here?" he inquired enthusiastically.

Amber reprenait son souffle.
Amber swallowed hard.

« Je suppose que tu as besoin d'un crédit pour

commencer et la banque a besoin d'un business plan.

*"I suspect you'll need a **loan** to start and the bank will require a **business plan**.*

Tu étais autonome pendant toutes ces années à la ferme, alors ton expérience en tant que cultivateur de légumes ne fais pas de toi automatiquement un **risque** attractif pour la banque.

*You have been self-employed on the farm all these years, so your experience as a market gardener isn't necessarily going to make you an attractive **risk** for the bank.*

Nous devons considérer le bien immobilier en tant que **sécurité** éventuelle.

*We will need to look at the property as possible **collateral**.*

La maison elle-même a une certaine valeur, mais la terre, vu sa proximité à la ville, va probablement s'avérer étant plus précieux en vue des **capitaux propres**. »

*The house itself has some **value**, but the land, given its proximity to town, will likely prove more valuable in terms of **equity**".*

Le père d'Amber commençait à devenir pâle quand il écoutait le conseil de sa fille.

Amber's father started to pale as he listened to

his daughter's advice.

« Je n'aurais jamais cru qu'il allait être si difficile », disait-il embarrassé.
"I never imagined it would be that difficult", he said sheepishly.

J'estime que je n'y étais pas préparé. »
I guess I wasn't prepared."

« Fais-moi confiance père, nous venons juste de commencer. »
"Trust me father, we've only just begun".

« Cela sonne comme une vieille chanson des Carpenters », papa interrompait.
"Sounds like an old song by the Carpenters," Dad interrupted.

« 1970, je crois. »
"1970, I believe."

« Papa, comporte-toi bien !
"Dad, behave!

L'entrepreneuriat comprend plus que l'on pense.
There is more to business than you think.

Il ne suffit pas de simplement vouloir avoir quelque chose.
It's isn't just wanting to do something.

Savoir comment, sinon on pourrait aussi simplement cultiver que des fraises. »
You need to know how or you might as well just be growing strawberries."

« Pardon, mon enfant, j'arrête... je ne me suis de toute façon jamais particulièrement intéressés pour les Carpenters. »
"Sorry kid, I'll stop it ... never cared much for the Carpenters anyway."

Amber continuait, mais cette fois-ci avec plus d'autorité.
Amber continued and this time with more authority.

Si papa entrait dans le business légal de marijuana, il devait déjà apprendre quelques choses.
If Dad was going to get into the legal pot business, he would have to learn a few things first.

« Juste que tu sois prévenu, la banque voudra

également voir les **immobilisations corporelles** sur le terrain, tes **comptes de profits** et une multitude d'autres frais imprévisibles aussi importants qui vont faire fumer ta tête.

*"Just so you are forewarned, the bank will be also looking at **fixed assets** on the property, your **income statements** and a host of other equally important incidentals that will make your head spin.*

Et je peux t'assurer papa que ce n'est pas le genre d'excitation que tu aimes. »

And I can assure you, Dad, it's not the kind of buzz you are partial to."

Amber appelait son père à la table où elle était assise devant son ordinateur portable.

Amber motioned her father over to the table where she was sitting in front of her laptop.

« J'espère que la batterie solaire est bien chargée parce que nous allons rester un bon moment ici. »

"I hope the solar battery has a good charge because we are going to be here for a while."

Elle commençait tout de suite à créer une **fiche de données** dans un fichier pour entrer les

données dont ils avaient besoin tous les deux pour le **business plan**.
*She immediately began creating a **spreadsheet** in a new file to input the data they would both need for the **business plan**.*

Papa reculait à la pensée du traitement d'une fiche de données.
Dad started cringing at the thought of working on a spreadsheet.

Cela lui rappelait sa jeunesse gaspillée et surtout les cours d'économie avec sœur Doherty.
It reminded him of his misspent youth and specifically business class with Sister Doherty.

C'était la classe qu'il aurait préféré sauter.
It was his favourite class to skip.

« Fais attention, papa.
"Pay attention, Dad.

Nous commençons avec quelques colonnes et allons les nommer en conséquence.
We will start with several columns and name them accordingly.

Nous débutons avec l'**actif circulant**, le **rendement du capital**, les **dépenses de fonctionnement** et enfin le **coût du revient**.

*Let's begin with **Current Assets**, **Return on Equity**, **Operating Expenses** and finally **Cost of Goods Sold**.*

Quand nous avons fini avec cela, nous pourrions enregistrer le **chiffre d'affaires projeté,** mais je pensais que nous ne devrions pas trop nous mettre en avant.
*When we have that done we might include **Projected Revenue,** but I thought we shouldn't get too far ahead of ourselves.*

Amber ricanait à l'intérieur, mais son père s'imposait.
Amber was chuckling to herself but her Dad was catching on.

Monsieur Menninger, comment il se nommait maintenant au lieu de Buzz, n'avait jamais de dettes, sauf l'hypothèque sur la ferme et plus tard il évitait l'embarras d'une **insolvabilité**.
*Mr. Menninger, as he would now be known, instead of Buzz, had never been in debt, other than the farm mortgage and subsequently avoided the embarrassment of **bankruptcy**.*

Malgré sa façade calme il travaillait dur pour être conforme avec les besoins de vie pour sa partenaire et ses enfants.
Despite his laid back persona, he worked hard

to provide the necessities of life for his partner and his children.

Il pouvait effectuer son travail, certainement en dépendance de la **comptabilité** sérieuse du côté de sa fille et d'un business plan solide qui basait sur plus qu'une utopie.

*He could make this work, dependent, of course, on some serious **bookkeeping** on his daughter's part and a good solid business plan based on something more than just a pipe-dream.*

Que les jeux commencent
Let the Games Begin

Amber Menninger donnait une réponse polie, mais ardente dans l'oreille de l'employé de la banque.
Amber Menninger cracked a polite but fiery response back into the ear of the bank official.

Elle terminait la conversation et faisait rechuter le combiné du téléphone sur ses appuis.
She ended the call slamming the receiver firmly back into its cradle.

Elle était légèrement en colère, mais c'était une sorte d'énergie dont elle pouvait se servir facilement.
She was slightly annoyed but it was the kind of energy she could quickly harness.

L'employé de la banque a parcouru la déclaration d'**impôts sur le revenu** de son père et a regardé tous les irrégularités qui pouvaient représenter un **facteur de risque**.
*The bank official had been going over her father's **income tax** returns looking for any irregularity that might be construed as a **risk***

factor.

L'employé de la banque discutait longuement des facteurs extérieurs qui allaient influencer la **rentabilité** de l'entreprise.
*The bank official debated at length about the outside factors that would impact the business's **profitability**.*

Il y avait uniquement quelques états sur la côte ouest qui avaient adoptés des lois réglant la culture et la vente de marijuana.
There were only a few states on the west-coast that had passed laws governing the cultivation and sale of marijuana.

Les lois fédérales étaient contraires à la législation à tous les niveaux et ainsi le projet entrepreneurial avec le transport de marchandises traversant la frontière d'état de Colorado s'avérait difficile.
Federal laws were opposed to legalisation on any level and so transporting goods across Colorado state lines made the business venture problematic.

Le bassin de Colorado était relativement petit et chaque revenu éventuel allait donc refléter la même chose.
The population base of Colorado was relatively small and so any potential return would reflect

the same.

De plus, le banquier a clairement souligné que la culture de légumes était de genre d'historique d'occupation qui laissait les banques indifférentes.
Besides, the banker had made it perfectly clear that market gardening was the kind of employment history that left banks cold.

La banque ne voyait pas son père et son business plan étant une combinaison réussite.
They weren't seeing her father and his business plan as a good fit.

Malgré les réactions qu'ils recevaient des banques locales, Amber restait optimiste.
Despite the negative feedback she was receiving from the local banks, Amber remained optimistic.

Elle devait.
She had to be.

Son père était déjà en train de transformer deux granges sur la ferme à ses propres **coûts** pour le commerce.
*Her Dad was already retrofitting two of the barns on the property for the business and doing so, at his own **expense**.*

Toutefois, l'optimise d'Amber était justifiable.
But Amber's optimism was well founded.

Il n'y avait rien de branché dans cette **proposition commerciale**.
*There was nothing trendy about this **business proposition**.*

Elle y croyait.
She believed in it.

Il avait des ailes et elle était destinée à voler avec celles-ci.
***It had wings** and she was determined to fly with it.*

Dans ses pensées, le **potentiel du marché** était énorme.
*In her mind the **market potential** was huge.*

L'entreprise n'était même pas née et elle se figurait déjà la position positive de l'entreprise sur le **marché boursier**.
*The business wasn't even born yet and she envisioned the company's positive position in the **stock market**.*

Chacun avec de l'argent dans cette entreprise allait sans aucun doute profiter des avantages de la propriété de **valeurs de croissance**.
Anyone with money in this venture would,

undoubtedly, enjoy the benefits of owning **growth stock**.

Ils savaient que le **rapport cours-bénéfices** allait faire de l'entreprise de son père un **investissement** très **appréciée**.
*She knew the **price earnings ratio** would make her Dad's future company a much **valued investment**.*

Comme la banque ne venait pas vraiment en aide, Amber se demandait où elle pouvait sinon s'efforcer pour les aides financières nécessaires.
Since the bank wasn't exactly rushing to their aid, Amber wondered where else she could seek the financial help they needed.

Juste quand elle commençait à chercher d'autres possibilités, un **business angel** se trouvait à sa porte.
*Just as she began to investigate other possibilities an **angel investor** arrived on her doorstep.*

Jimmy Raglan était un homme d'affaires en retraite qui avait plutôt réussi dans la commune où il avait mené une scierie et plus tard un commerce de matériaux de construction très rentable.

Jimmy Raglan was a retired businessman who had become quite successful in the community running a lumber mill and later a very profitable building supply store.

Il était également assez vieux pour se souvenir de Woodstock et savait que sa génération du baby-boom était forte en nombre avec des montants énormes de **revenu disponible**.

*He also was old enough to remember Woodstock and knew that his "boomer generation" was large in numbers with vast amounts of **disposable income.***

Si cela ne suffisait pas, il pouvait assurer ses investissements en marquant les cinq-cents acres du terrain de Menninger comme **sécurité**.

*If that wasn't enough, he could ensure his investment by marking Menninger's five hundred acres as **collateral**.*

Grâce à la proximité du terrain agricole à la ville, il pouvait y avoir quelque potentiel de bien immobilier mais la vraie valeur se trouvait dans le bois.

There might be some real estate potential because of the acreage's proximity to town, but the real value was in the lumber.

Le terrain agricole était plein de précieux bois commercialisable.

The acreage was thick with valuable marketable timber.

Menninger était un écolo à tout crin toute sa vie et juste une toute petite partie de sa forêt avait jamais à faire à une tronçonneuse.
Menninger had been a tree hugger all of his life and very little of his forest ever experienced a chainsaw.

Pour Raglan, c'était une approche gagnant-gangnant.
For Raglan it was a win- win situation.

Dans le mois suivant leur réunion avec le business angel, l'idée d'entreprise de Menninger se transformait en **commerce fonctionnant**.
*Within a month of their meeting with the angel investor the Menninger business idea had transformed itself into a **working business**.*

Amber et son père étaient contents d'être sur le chemin, même si évidemment en soucis.
Amber and her father were delighted to be underway although understandably apprehensive.

Le **taux d'intérêt** attribué au **crédit de l'entreprise** par Raglan était considérable.
*The **interest rate** Raglan assigned to the*

company loan was substantial.

Il était pris en compte que le **rendement** prévu de l'entreprise allait facilement suffire pour le remboursement des **prêts en cours**, mais il y avait une période entre semis et récolte dans laquelle peu ou pas de **recettes** allaient rendre la couverture des **dépenses de fonctionnement** plus difficile.
*Forecasted **revenue** from the business was expected to handle **loan obligations** easily but there was a time lapse between planting and harvest when little or no **income** would make covering **operating expenses** difficult.*

Amber savait que son père avait de bonnes et solides capacités de travail.
Amber knew her father had good solid work skills.

Elle était convaincue qu'il avait la base de savoir et la compétence de vue d'ensemble de la production jusqu'à la récolte.
She was confident he had the knowledge base and the ability to oversee production through to fruition.

Quand à elle-même, elle n'était pas aussi sûre.
She wasn't quite as sure about herself.

Elle avait une bonne main pour les **principes**

comptables généraux, cependant il y avait encore pas mal de choses qu'elle devait apprendre et rechercher sur le management financier si elle voulait garder cette entreprise liquide.
*She had a good handle on **general accounting principles** but there was more she would have to learn and explore about managing finances if she was to keep this venture afloat.*

Elle avait déjà des factures à payer et plus de **stock**.
*She already had bills to pay and no **inventory** at hand.*

Quand elle commençait à travailler à travers de la montagne de papiers sur son bureau, Amber était soudainement accablée.
As she began sorting through the mountain of paperwork on her desk, Amber suddenly felt overwhelmed.

Il y avait tant de choses à adresser.
There were so many things to address.

Monsieur Menninger était compétent, mais l'étendue des activités demandait une main-d'œuvre supplémentaire et cela signifiait des salaires supplémentaires.
Mr. Menninger was competent, but the scale of

operations required extra labor so that meant
extra wages.

A côté des **passifs normaux** il y avait aussi la responsabilité pour les **tableaux de flux de trésorerie**.
*Aside from the normal **liabilities**, there was also the responsibility of **cash flow statements**.*

La liste semblait interminable.
The list seemed endless.

Comme si cela n'était pas assez de pression pour un nouveau diplômé de comptabilité, il y avait aussi encore des doutes déchirants sur un seul investisseur de l'entreprise.
If that wasn't enough pressure for a new accounting graduate there was also a nagging doubt about the company's only investor.

Jusqu'au moment où les papiers étaient signés tout était bien.
Up until the papers were signed everything had been fine.

Mais dès que son père avait signé sur la ligne pointillée, les choses commençaient à changer.
But once her father signed on the dotted line things began to change.

C'était une intuition, mais cela ne sentait pas être juste.

It was a gut feeling, but it didn't feel right.

Elle allait bien le garder à l'œil, pensait-elle.

She would have to keep a close eye on him, she thought.

Probablement, il n'était après tout pas un ange.

He might not be an angel after all.

C'est un sport d'équipe
It's a Team Sport

Un an était passé depuis que Homegrown Organics Limited avait entamé leur activité commerciale.
A year had passed since Homegrown Organics Limited had begun operations.

Il y avait un peu d'avant et retour entre Amber et son père concernant la **création de l'entreprise** mais à la fin ils ont décidés d'identifier leur entreprise avec le **modèle commercial** restreint.
*There had been some back and forth between Amber and her father over whether to **incorporate,** but in the end they chose to identify their company using the limited **business model**.*

Après tout, Homegrown Organics était une entreprise relativement petite et Monsieur Menninger voulait aussi le maintenir.
After all, Homegrown Organics was a relatively small company and Mr. Menninger wanted to keep it that way.

31

La première année de commerce a réservé deux récoltes pleines qui faisaient la joie de Monsieur Menninger, mais Amber espérait avoir plus pour compenser l'endettement insidieux dans la colonne **coût de revient**.

The first year of operations had produced two full harvests which delighted Mr. Menninger, but Amber was hoping for more to offset the creeping debt in the **cost of goods sold** *column.*

Suite à sa taille, Homegrown Organics s'est concentré sur le marché médical de marijuana.

Due to their size, Homegrown Organics had focused on the medical marijuana market.

C'était un marché duquel ils pensaient qu'ils pouvaient le gérer d'une perspective de produit.

It was a market they felt they could manage from a production perspective.

Le marché pour usage de loisirs avait le potentiel d'être trop maitrisant pour quelque chose qui est au fond une entreprise familiale.

The recreational use market had the potential for being too overwhelming for what was basically a Mom and Dad operation.

Mais également de cette manière leurs décisions commerciales devenaient chères.

But even so, their business choices were

becoming expensive.

Pour amortir les coûts d'énergie hydraulique existants pour la consommation d'énergie, le père d'Amber imposait un usage d'énergie solaire, mais les frais de démarrage pour la mise en œuvre de ce changement desséchaient le ressources financières.
In order to counter existing hydro-electric costs for its energy consumption Amber's father insisted on going solar, but start-up costs for implementing that change were draining financial resources.

Finalement, l'entreprise optait pour un contrat de **location-achat** pour couvrir l'achat de l'équipement.
*In the end, the company chose to opt for a **hire purchase agreement** to cover the acquisition of equipment.*

Aussi verte que la décision avait pu être, la deuxième moitié du premier été était trop couverte pour rendre les modules rentables.
As green a decision as it may have been, the latter part of that first summer had been too overcast to make the panels viable.

Le mauvais temps signifiait que deux factures mensuelles étaient payées au lieu de l'une prévue.

The poor weather meant two monthly bills were being paid instead of the intended one.

Le père d'Amber avait l'air frustré.
Amber's father looked frustrated.

« Nous avons pris une décision consciente de prolonger la période de croissance jusqu'à la rentrée de la récolte à trois cents soixante-cinq jours de l'année.
"We made a conscious decision to extend the growing season to three hundred and sixty five days of the year by bringing the crops indoors.

» Afin d'en tenir compte, nous assainissions nos granges pour en faire des serres utilisables pendant toute l'année.
In order to accommodate this we refurbished our barns to function as year round greenhouses.

Après l'épuisement de presque tout notre **capital** existant pour réaliser cela, nous entreprenions toutefois un pas supplémentaire en installant des modules solaires et quand même, nous devons contrôler le ciel chaque matin comme des petits paysans qui recherchent du mauvais temps. »
*After almost exhausting our existing **capital** to make that happen, we took yet another step installing solar panels and even then we still*

have to check the skies every morning like dirt
farmers watching for inclement weather."

Malgré la **croissance économique** prédite pour la branche, le **bilan** chez Homegrown Organics semblait positivement sombre.
*Despite the **economic growth** forecasted for the industry, the **balance sheet** at Homegrown Organics looked positively dismal.*

L'attention d'Amber était vite détournée sur la **caution** de Jimmy Raglan dans le classeur sur son bureau.
*Amber's attention quickly moved to the Jimmy Raglan **bond** in the file folder on her desk.*

La fin de la première année signifiait qu'une très grande **remise de dette** devait être gérée.
*The end of their first year meant a very large **debt** needed to be managed.*

Si ce n'était pas le cas, des conditions plus difficiles étaient susceptibles.
If not, some serious conditions would apply.

Pour empirer encore les choses, les **pertes** de ce mois provoquaient des **coûts postérieurs** sous forme de salaires pour leurs trois employés qui se trouvaient sous vrai risque de ne pas être payés.
*To make matters worse, **losses** this month put*

accrued expenses, *in the form of salaries, for their three employees in serious jeopardy of not being paid.*

S'il y avait quelque chose qui inquiétait son père encore plus, c'était l'incapacité de payer ses employés travaillants durs.
If anything bothered her Dad more, it was not being able to pay his hardworking employees.

S'il le devait, il allait prendre de sa fortune privée pour remplir ses obligations financières contre les hommes et les femmes travaillant sous lui.
If he had to, he would dip into his personal savings to fulfil his financial obligations to the men and woman working under him.

Quand Ragland finalement eut vent des difficultés chez Homegrown Organics, il ne perdait pas de temps pour faire son prochain pas.
When Raglan finally caught wind of the difficulties at Homegrown Organics, he spared no time making his next move.

Si l'argent prêté à l'entreprise ne lui était pas payé à une date fixée, un avocat de Raglan allait rendre visite au bureau de Homegrown Organics avec une créance mystérieuse.
When the monies loaned to the company were

not paid to him by the agreed date, a Raglan lawyer visited the offices of Homegrown Organics with an ominous demand.

A l'époque, un audit allait avoir lieu et Amber était immédiatement en train de fournir le **grand livre**.
*There would be an **audit** in due time and Amber was to provide the company's **general ledger** without delay.*

Monsieur Menning était désespéré quand son bureau lui racontait les intentions de Raglan.
Mr. Menninger was distraught when his office informed him of Raglan's intentions.

« Il attend pour attaquer », disait-il plus tard à sa femme.
"He's waiting to attack," he said to his wife later.

« J'étais sûr que ce soit ce genre de nouvelles qu'Amber voulait me communiquer, mais je ne l'ai pas vue toute la journée. »
"I thought for sure this was the kind of news Amber would be delivering to me, but I haven't seen her all day."

Personne ne l'avait vu au travail ce jour-là et cela inquiétait son père.

No one had seen her at work that day and this bothered her father.

Pas d'appels de déclaration de maladie avaient été reçus et son téléphone portable ne fonctionnait pas ou était simplement éteint.
No reported sick calls had been made and her cell phone wasn't working, or it was simply turned off.

Monsieur Menninger avait un pouce vert.
Mr. Menninger had a green thumb.

Sa compétence consistait en faire pousser la semence et de favoriser sa croissance.
His abilities were nurturing seeds and encouraging growth.

Les compétences d'Amber d'autre part tenaient les choses en vie.
Amber's skill set, on the other hand, was keeping things alive.

Il avait besoin de sa spécialiste comptable aussi urgent que jamais.
He needed his accounting specialist more than ever.

Au centre de facturation, l'assistante d'Amber était en train de chercher les **papiers** nécessaires pour l'audit prévu pour demain.

*Inside the accounting office, Amber's assistant was gathering the necessary **paperwork** for tomorrow's scheduled audit.*

Monsieur Menninger faisait des va-et-vient dans la serre.
Mr. Menninger was beginning to pace nervously in the greenhouse.

Il savait que la **valeur comptable** de l'entreprise allait affecter la colonne des passifs.
*He knew the **book value** of the business was going to lean negatively in the **liability** column.*

Juste quand le cauchemar dans sa tête commençait à se déployer, Amber se précipitait sur la porte.
Just as that nightmare was beginning to unfold in his head, Amber came rushing in the door.

« Je t'ai manqué aujourd'hui, Buzz ? », demandait-elle en souriant.
"Did you miss me today Buzz," she said smiling?

Son père lui jetait un regard surpris.
Her Dad cast a surprised look in her direction.

« Où est-ce que tu étais ? », demandait-il.
"Where have you been," he demanded?

« J'étais dehors pour faire de la publicité et j'ai de bonnes nouvelles à annoncer.
"I've been out drumming up business and I have good news to report.

Cela aide de porter deux chapeaux si le besoin le justifie.
It helps wearing two hats when the need warrants.

J'ai entendu hier que l'université à Denver allait lancer une étude médicale de deux ans sur les exigences de dosage pour la marijuana médicale et les problèmes éventuels en relation avec la grande diversité des sortes sur le marché.
I heard last night that the University in Denver was beginning a two year medical study into dosage requirements for medical marijuana and the potential problems associated with the large variety of strains on the market.

Comme tu le sais, nous disposons ici d'un stock impressionnant de sortes et je pouvais les convaincre que nous pouvons livrer le produit entier nécessaire pour avancer avec l'étude dans les deux prochaines années.
As you know, we have an impressive

inventory of strains on hand here and I was able to convince them that we could supply the entire product they need to move forward with their study over the next two years.

Le bonus est qu'ils ont déjà fourni un contrat signé et les moyens financiers entiers pour nos services. »

The bonus is they have already provided a signed contract and full funding for our services."

Le père d'Amber était sans voix, mais quand un sourire devenait visible sur son visage, il devenait évident à quoi il pensait.

Amber's Dad was speechless, but what he was thinking became clearly evident as a smile began to build on his face.

Dans la vie commerciale, on parle des actifs matériels et immatériels d'une entreprise.

*In business they talk about a company's **tangible** and **intangible** assets.*

De quoi ils ne parlent pas toujours, ce sont les actifs inestimables qu'un employé engagé (et une fille encore plus engagée) peut apporter.

What they don't always talk about is the invaluable assets a committed employee (and an even greater daughter) could bring to the table.

41

FRENCH

Mettre sur pied une chose

Amber Menninger surprenait tout le monde et surtout ses parents hippie quand elle passait le diplôme de **comptable** au Colorado State College avec mention. Elle n'était pas très éloquente, mais ce qu'elle aimait, c'était les maths et les chiffres.

La vie toutes ces années à la ferme lui enseignaient quelques leçons fondamentales sur les principes de l'**arithmétique**. Dans le cas de sa famille, le mot décisif était soustraction. Ils n'avaient jamais beaucoup dans sa jeunesse. Cependant, ses parents avaient réussi à amortir lentement l'hypothèque et possédaient maintenant entièrement leur bien immobilier. Cela leur donnait des **capitaux propres** qui étaient fort utiles.

Enfin, le vent se tournait et elle pouvait sentir le succès. Personne ne l'approuvait plus que son père, connu en tant que Buzz chez ses camarades. Manifestement un vrai homme de la Renaissance ; au cours des années Buzz avait au long des années cultivé quelques systèmes de croyance forts autour de l'usage de marijuana. Il l'avait pour ainsi dire dans le sang.

Le 6 novembre 2012, tout avait changé. L'état de Colorado avait adopté ce jour-là Amendment 64, qui légalisait l'usage de marijuana pendant les loisirs, y compris la culture commerciale et vente avec une licence. Le père d'Amber était extatique. Buzz déclarait lors d'une tasse de tisane qu'il allait cultiver commercialement et vendre de la marijuana ; voilà pour ce qui est des marches de protestation et des chansons de Bob Dylan. Papa agissait en tant qu'entrepreneur. Nous devions avoir une comptabilité financière solide et qui pourrait tenir celle-ci mieux qu'un membre de la famille de confiance. Sa première activité consistait à nominer sa fille en tant que responsable pour la finance et la comptabilité.

« Et quoi maintenant ? », demandait-il enthousiaste.

Amber reprenait son souffle. « Je suppose que tu as besoin d'un crédit pour commencer et la banque a besoin d'un business plan. Tu étais autonome pendant toutes ces années à la ferme, alors ton expérience en tant que cultivateur de légumes ne fais pas de toi automatiquement un **risque** attractif pour la banque. Nous devons considérer le bien immobilier en tant que **sécurité** éventuelle. La maison elle-même a une certaine valeur, mais la terre, vu sa proximité à la ville, va probablement s'avérer étant plus précieux en vue des **capitaux propres**. »

Le père d'Amber commençait à devenir pâle quand il écoutait le conseil de sa fille.

« Je n'aurais jamais cru qu'il allait être si difficile », disait-il embarrassé. J'estime que je n'y étais pas préparé. »

« Fais-moi confiance père, nous venons juste de commencer. »

« Cela sonne comme une vieille chanson des Carpenters », papa interrompait. « 1970, je crois. »

« Papa, comporte-toi bien ! L'entrepreneuriat comprend plus que l'on pense. Il ne suffit pas de simplement vouloir avoir quelque chose. Savoir comment, sinon on pourrait aussi simplement cultiver que des fraises. »

« Pardon, mon enfant, j'arrête... je ne me suis de toute façon jamais particulièrement intéressés pour les Carpenters. »

Amber continuait, mais cette fois-ci avec plus d'autorité. Si papa entrait dans le business légal de marijuana, il devait déjà apprendre quelques choses.

« Juste que tu sois prévenu, la banque voudra également voir les **immobilisations corporelles** sur le terrain, tes **comptes de profits** et une multitude d'autres frais imprévisibles aussi importants qui vont faire fumer ta tête. Et je peux t'assurer papa que ce n'est pas le genre d'excitation que tu aimes. »

Amber appelait son père à la table où elle était assise devant son ordinateur portable.

« J'espère que la batterie solaire est bien chargée parce que nous allons rester un bon moment ici. »

Elle commençait tout de suite à créer une **fiche de données** dans un fichier pour entrer les données dont ils avaient besoin tous les deux pour le **business plan**. Papa reculait à la pensée du traitement d'une fiche de données. Cela lui rappelait sa jeunesse gaspillée et surtout les cours d'économie avec sœur Doherty. C'était la classe qu'il aurait préféré sauter.

« Fais attention, papa. Nous commençons avec quelques colonnes et allons les nommer en conséquence. Nous débutons avec l'**actif circulant**, le **rendement du capital**, les **dépenses de fonctionnement** et enfin le **coût**

du revient. Quand nous avons fini avec cela, nous pourrions enregistrer le **chiffre d'affaires projeté,** mais je pensais que nous ne devrions pas trop nous mettre en avant.

Amber ricanait à l'intérieur, mais son père s'imposait.

Monsieur Merininger, comment il se nommait maintenant au lieu de Buzz, n'avait jamais de dettes, sauf l'hypothèque sur la ferme et plus tard il évitait l'embarras d'une **insolvabilité**. Malgré sa façade calme il travaillait dur pour être conforme avec les besoins de vie pour sa partenaire et ses enfants.

Il pouvait effectuer son travail, certainement en dépendance de la **comptabilité** sérieuse du côté de sa fille et d'un business plan solide qui basait sur plus qu'une utopie.

Que les jeux commencent

Amber Menninger donnait une réponse polie, mais ardente dans l'oreille de l'employé de la banque. Elle terminait la conversation et faisait rechuter le combiné du téléphone sur ses appuis. Elle était légèrement en colère, mais c'était une sorte d'énergie dont elle pouvait se servir facilement.

L'employé de la banque a parcouru la déclaration d'**impôts sur le revenu** de son père et a regardé tous les irrégularités qui pouvaient représenter un **facteur de risque**. L'employé de la banque discutait longuement des facteurs extérieurs qui allaient influencer la **rentabilité** de l'entreprise.

Il y avait uniquement quelques états sur la côte ouest qui avaient adoptés des lois réglant la culture et la vente de marijuana. Les lois fédérales étaient contraires à la législation à tous les niveaux et ainsi le projet entrepreneurial avec le transport de marchandises traversant la frontière d'état de Colorado s'avérait difficile. Le bassin de Colorado était relativement petit et chaque revenu éventuel allait donc refléter la même chose. De plus, le banquier a clairement souligné que la culture de légumes était de genre d'historique d'occupation qui laissait les banques indifférentes. La banque ne voyait pas son père et son business plan étant une combinaison réussite.

Malgré les réactions qu'ils recevaient des banques locales, Amber restait optimiste. Elle devait. Son père était déjà en train de transformer deux granges sur la ferme à ses propres **coûts** pour le commerce. Toutefois, l'optimise d'Amber était justifiable. Il n'y avait rien de branché dans cette **proposition commerciale**. Elle y croyait. **Il avait des ailes** et elle était destinée à voler avec celles-ci.

Dans ses pensées, le **potentiel du marché** était énorme. L'entreprise n'était même pas née et elle se figurait déjà la position positive de l'entreprise sur le **marché boursier**. Chacun avec de l'argent dans cette entreprise allait sans aucun doute profiter des avantages de la propriété de **valeurs de croissance**. Ils savaient que le **rapport cours-bénéfices** allait faire de l'entreprise de son père un **investissement** très **appréciée**.

Comme la banque ne venait pas vraiment en aide, Amber se demandait où elle pouvait sinon s'efforcer pour les aides financières nécessaires. Juste quand elle commençait à chercher d'autres possibilités, un **business angel** se trouvait à sa porte.

Jimmy Raglan était un homme d'affaires en retraite qui avait plutôt réussi dans la commune où il avait mené une scierie et plus tard un commerce de matériaux de construction très rentable. Il était également assez vieux pour se souvenir de Woodstock et savait que sa génération du baby-boom était forte en nombre avec des montants énormes de **revenu disponible**. Si cela ne suffisait pas, il pouvait assurer ses investissements en marquant les cinq-cents acres du terrain de Menninger comme **sécurité**. Grâce à la proximité du terrain agricole à la ville, il pouvait y avoir quelque potentiel de bien immobilier mais la vraie valeur se trouvait dans le bois. Le terrain agricole était plein de précieux bois commercialisable. Menninger était un écolo à tout crin toute sa vie et juste une toute petite partie de sa forêt avait jamais à faire à une tronçonneuse. Pour Raglan, c'était une approche gagnant-gangnant.

Dans le mois suivant leur réunion avec le business angel, l'idée d'entreprise de Menninger se transformait en **commerce fonctionnant**. Amber et son père étaient contents d'être sur le chemin, même si évidemment en soucis. Le **taux d'intérêt** attribué au **crédit de l'entreprise** par Raglan était considérable. Il était pris en compte que le **rendement** prévu de l'entreprise allait facilement suffire pour le remboursement des **prêts en cours**, mais il y avait une période entre semis et récolte dans laquelle peu ou pas de **recettes** allaient rendre la couverture des **dépenses de fonctionnement** plus difficile.

Amber savait que son père avait de bonnes et solides capacités de travail. Elle était convaincue qu'il avait la base de savoir et la compétence de vue d'ensemble de la production jusqu'à la récolte. Quand à elle-même, elle n'était pas aussi sûre. Elle avait une bonne main pour les **principes comptables généraux**, cependant il y avait encore pas mal de choses qu'elle devait apprendre et rechercher sur le management financier si elle voulait garder cette entreprise liquide. Elle avait déjà des factures à payer et plus de **stock**.

Quand elle commençait à travailler à travers de la montagne de papiers sur son bureau, Amber était soudainement accablée. Il y avait tant de choses à adresser. Monsieur Menninger était compétent, mais l'étendue des activités demandait une main-d'œuvre supplémentaire et cela signifiait des salaires supplémentaires. A côté des **passifs normaux** il y avait aussi la responsabilité pour les **tableaux de flux de trésorerie**. La liste semblait interminable.

Comme si cela n'était pas assez de pression pour un nouveau diplômé de comptabilité, il y avait aussi encore des doutes déchirants sur un seul investisseur de l'entreprise. Jusqu'au moment où les papiers étaient signés tout était bien. Mais dès que son père avait signé sur la ligne pointillée, les choses commençaient à changer. C'était une intuition, mais cela ne sentait pas être juste. Elle allait bien le garder à l'œil, pensait-elle. Probablement, il n'était après tout pas un ange.

C'est un sport d'équipe

Un an était passé depuis que Homegrown Organics Limited avait entamé leur activité commerciale. Il y avait un peu d'avant et retour entre Amber et son père concernant la **création de l'entreprise** mais à la fin ils ont décidés d'identifier leur entreprise avec le **modèle commercial** restreint. Après tout, Homegrown Organics était une entreprise relativement petite et Monsieur Menninger voulait aussi le maintenir.

La première année de commerce a réservé deux récoltes pleines qui faisaient la joie de Monsieur Menninger, mais Amber espérait avoir plus pour compenser l'endettement insidieux dans la colonne **coût de revient**. Suite à sa taille, Homegrown Organics s'est concentré sur le marché médical de marijuana. C'était un marché duquel ils pensaient qu'ils pouvaient le gérer d'une perspective de produit. Le marché pour usage de loisirs avait le potentiel d'être trop maitrisant pour quelque chose qui est au fond une entreprise familiale. Mais également de cette manière leurs décisions commerciales devenaient chères.

Pour amortir les coûts d'énergie hydraulique existants pour la consommation d'énergie, le père d'Amber imposait un usage d'énergie solaire, mais les frais de démarrage pour la mise en œuvre de ce changement desséchaient le ressources financières. Finalement, l'entreprise optait pour un contrat de **location-achat** pour couvrir l'achat de l'équipement. Aussi verte que la décision avait pu être, la deuxième moitié du premier été était trop couverte pour rendre les modules rentables. Le mauvais temps signifiait que deux factures mensuelles étaient payées au lieu de l'une prévue. Le père d'Amber avait l'air frustré.

« Nous avons pris une décision consciente de prolonger la période de croissance jusqu'à la rentrée de la récolte à trois cents soixante-cinq jours de l'année. » Afin d'en tenir compte, nous assainissions nos granges pour en faire des serres utilisables pendant toute l'année. Après l'épuisement de presque tout notre **capital** existant pour réaliser cela, nous entreprenions toutefois un pas supplémentaire en installant des modules solaires et quand même, nous devons contrôler le ciel chaque matin comme des petits paysans qui recherchent du mauvais temps. »

Malgré la **croissance économique** prédite pour la branche, le **bilan** chez Homegrown Organics semblait positivement sombre.

L'attention d'Amber était vite détournée sur la **caution** de Jimmy Raglan dans le classeur sur son bureau. La fin de la première année signifiait qu'une très grande **remise de dette** devait être gérée. Si ce n'était pas le cas, des conditions plus difficiles étaient susceptibles. Pour empirer encore les choses, les **pertes** de ce mois provoquaient des **coûts postérieurs** sous forme de salaires pour leurs trois employés qui se trouvaient sous vrai risque de ne pas être payés. S'il y avait quelque chose qui inquiétait son père encore plus, c'était l'incapacité de payer ses employés travaillants durs. S'il le devait, il allait prendre de sa fortune privée pour remplir ses obligations financières contre les hommes et les femmes travaillant sous lui.

Quand Ragland finalement eut vent des difficultés chez Homegrown Organics, il ne perdait pas de temps pour faire son prochain pas. Si l'argent prêté à l'entreprise ne lui était pas payé à une date fixée, un avocat de Raglan allait rendre visite au bureau de Homegrown Organics avec une créance mystérieuse. A l'époque, un audit allait avoir lieu et Amber était immédiatement en train de fournir le **grand livre**.

Monsieur Menning était désespéré quand son bureau lui racontait les intentions de Raglan.

« Il attend pour attaquer », disait-il plus tard à sa femme. « J'étais sûr que ce soit ce genre de nouvelles qu'Amber voulait me communiquer, mais je ne l'ai pas vue toute la journée. »

Personne ne l'avait vu au travail ce jour-là et cela inquiétait son père. Pas d'appels de déclaration de maladie avaient été reçus et son téléphone portable ne fonctionnait pas ou était simplement éteint. Monsieur Menninger avait un pouce vert. Sa compétence consistait en faire pousser la semence et de favoriser sa croissance. Les compétences d'Amber d'autre part tenaient les choses en vie. Il avait besoin de sa spécialiste comptable aussi urgent que jamais.

Au centre de facturation, l'assistante d'Amber était en train de chercher les **papiers** nécessaires pour l'audit prévu pour demain. Monsieur Menninger faisait des va-et-vient dans la serre. Il savait que la **valeur comptable** de l'entreprise allait affecter la colonne des passifs. Juste quand le cauchemar dans sa tête commençait à se déployer, Amber se précipitait sur la porte.

« Je t'ai manqué aujourd'hui, Buzz ? », demandait-elle en souriant.

Son père lui jetait un regard surpris.

« Où est-ce que tu étais ? », demandait-il.

« J'étais dehors pour faire de la publicité et j'ai de bonnes nouvelles à annoncer. Cela aide de porter deux chapeaux si le besoin le justifie. J'ai entendu hier que l'université à Denver allait lancer une étude médicale de deux ans sur les exigences de dosage pour la marijuana médicale et les problèmes éventuels en relation avec la grande diversité des sortes sur le marché. Comme tu le sais, nous disposons ici d'un stock impressionnant de sortes et je pouvais les convaincre que nous pouvons livrer le produit entier nécessaire pour avancer avec l'étude dans les deux prochaines années. Le bonus est qu'ils ont déjà fourni un contrat signé et les moyens financiers entiers pour nos services. »

Le père d'Amber était sans voix, mais quand un sourire devenait visible sur son visage, il devenait évident à quoi il pensait. Dans la vie commerciale, on parle des actifs matériels et immatériels d'une entreprise. De quoi ils ne parlent pas toujours, ce sont les actifs inestimables qu'un employé engagé (et une fille encore plus engagée) peut apporter.

ENGLISH

Getting it off the Ground

Amber Menninger surprised everyone, not to mention her hippie parents, when she graduated with Honours from the **accounting** course at Colorado State College. She wasn't articulate about much, but one thing she liked was math and figures.

Living on the farm all those years taught her some fundamental lessons on the principles of **arithmetics**. In her family's case, the operative word was subtraction. They never had much while she was growing up. However, her parents had managed to slowly pay off the mortgage and currently owned their property outright. This gave them **equity** that was about to come in handy.

There was finally a change in the wind and she could smell success. No one agreed more with her on that than her Dad, who was known as Buzz to his pals. A true renaissance man to be sure; Buzz had cultivated some strong belief systems around marijuana usage over the years. It was in his blood, so to speak.

On November 6th, 2012 everything had

changed. The state of Colorado passed Colorado Amendment 64 that day legalising the recreational use of marijuana including commercial cultivation and sale with a license. Amber's father was ecstatic. Buzz announced over a cup of herbal tea that he was going to grow and sell marijuana commercially; So much for protest marches and Bob Dylan songs. Dad was going into business. He would need to provide solid **Financial Accountancy** and who better to provide this than a trusted family member. His first line of business was to appoint his daughter in charge of **finance and accounting**.

"So where do we go from here?" he inquired enthusiastically.

Amber swallowed hard. "I suspect you'll need a **loan** to start and the bank will require a **business plan**. You have been self-employed on the farm all these years, so your experience as a market gardener isn't necessarily going to make you an attractive **risk** for the bank. We will need to look at the property as possible **collateral**. The house itself has some **value,** but the land, given its proximity to town, will likely prove more valuable in terms of **equity".**

Amber's father started to pale as he listened to his daughter's advice.

"I never imagined it would be that difficult", he said sheepishly. I guess I wasn't prepared."

"Trust me father, we've only just begun".

"Sounds like an old song by the Carpenters," Dad interrupted. "1970, I believe."

"Dad, behave! There is more to business than you think. It's isn't just wanting to do something. You need to know how or you might as well just be growing strawberries."

"Sorry kid, I'll stop it … never cared much for the Carpenters anyway."

Amber continued and this time with more authority. If Dad was going to get into the legal pot business, he would have to learn a few things first.

"Just so you are forewarned, the bank will be also looking at **fixed assets** on the property, your **income statements** and a host of other equally important incidentals that will make your head spin. And I can assure you, Dad, it's not the kind of buzz you are partial to."

Amber motioned her father over to the table where she was sitting in front of her laptop.

"I hope the solar battery has a good charge

because we are going to be here for a while."

She immediately began creating a **spreadsheet** in a new file to input the data they would both need for the **business plan**. Dad started cringing at the thought of working on a spreadsheet. It reminded him of his misspent youth and specifically business class with Sister Doherty. It was his favourite class to skip.

"Pay attention, Dad. We will start with several columns and name them accordingly. Let's begin with **Current Assets**, **Return on Equity**, **Operating Expenses** and finally **Cost of Goods Sold**. When we have that done we might include **Projected Revenue,** but I thought we shouldn't get too far ahead of ourselves.

Amber was chuckling to herself but her Dad was catching on.

Mr. Menninger, as he would now be known, instead of Buzz, had never been in debt, other than the farm mortgage and subsequently avoided the embarrassment of **bankruptcy**. Despite his laid back persona, he worked hard to provide the necessities of life for his partner and his children.

He could make this work, dependent, of

course, on some serious **bookkeeping** on his daughter's part and a good solid business plan based on something more than just a pipe-dream.

Let the Games Begin

Amber Menninger cracked a polite but fiery response back into the ear of the bank official. She ended the call slamming the receiver firmly back into its cradle. She was slightly annoyed but it was the kind of energy she could quickly harness.

The bank official had been going over her father's **income tax** returns looking for any irregularity that might be construed as a **risk factor**. The bank official debated at length about the outside factors that would impact the business's **profitability**.

There were only a few states on the west-coast that had passed laws governing the cultivation and sale of marijuana. Federal laws were opposed to legalisation on any level and so transporting goods across Colorado state lines made the business venture problematic. The population base of Colorado was relatively small and so any potential return would reflect the same. Besides, the banker had made it perfectly clear that market gardening was the kind of employment history that left banks cold. They weren't seeing her father and his business plan as a good fit.

Despite the negative feedback she was receiving from the local banks, Amber remained optimistic. She had to be. Her Dad was already retrofitting two of the barns on the property for the business and doing so, at his own **expense**. But Amber's optimism was well founded. There was nothing trendy about this **business proposition**. She believed in it. **It had wings** and she was determined to fly with it.

In her mind the **market potential** was huge. The business wasn't even born yet and she envisioned the company's positive position in the **stock market**. Anyone with money in this venture would, undoubtedly, enjoy the benefits of owning **growth stock**. She knew the **price earnings ratio** would make her Dad's future company a much **valued investment**.

Since the bank wasn't exactly rushing to their aid, Amber wondered where else she could seek the financial help they needed. Just as she began to investigate other possibilities an **angel investor** arrived on her doorstep.

Jimmy Raglan was a retired businessman who had become quite successful in the community running a lumber mill and later a very profitable building supply store. He also was old enough to remember Woodstock and knew that his "boomer generation" was large in numbers with vast amounts of **disposable income.** If that wasn't enough, he could ensure his investment by marking Menninger's five hundred acres as **collateral.** There might be some real estate potential because of the acreage's proximity to town, but the real value was in the lumber. The acreage was thick with valuable marketable timber. Menninger had been a tree hugger all of his life and very little of his forest ever experienced a chainsaw. For Raglan it was a win- win situation.

Within a month of their meeting with the angel investor the Menninger business idea had transformed itself into a **working business.** Amber and her father were delighted to be underway although understandably apprehensive. The **interest rate** Raglan assigned to the **company loan** was substantial. Forecasted **revenue** from the business was expected to handle **loan obligations** easily but there was a time lapse between planting and harvest when little or no **income** would make covering **operating expenses** difficult.

Amber knew her father had good solid work skills. She was confident he had the knowledge base and the ability to oversee production through to fruition. She wasn't quite as sure about herself. She had a good handle on **general accounting principles** but there was more she would have to learn and explore about managing finances if she was to keep this venture afloat. She already had bills to pay and no **inventory** at hand.

As she began sorting through the mountain of paperwork on her desk, Amber suddenly felt overwhelmed. There were so many things to address. Mr. Menninger was competent, but the scale of operations required extra labor so that meant extra wages. Aside from the normal **liabilities,** there was also the responsibility of **cash flow statements**. The list seemed endless.

If that wasn't enough pressure for a new accounting graduate there was also a nagging doubt about the company's only investor. Up until the papers were signed everything had been fine. But once her father signed on the dotted line things began to change. It was a gut feeling, but it didn't feel right. She would have to keep a close eye on him, she thought. He might not be an angel after all.

It's a Team Sport

A year had passed since Homegrown Organics Limited had begun operations. There had been some back and forth between Amber and her father over whether to **incorporate,** but in the end they chose to identify their company using the limited **business model**. After all, Homegrown Organics was a relatively small company and Mr. Menninger wanted to keep it that way.

The first year of operations had produced two full harvests which delighted Mr. Menninger, but Amber was hoping for more to offset the creeping debt in the **cost of goods sold** column. Due to their size, Homegrown Organics had focused on the medical marijuana market. It was a market they felt they could manage from a production perspective. The recreational use market had the potential for being too overwhelming for what was basically a Mom and Dad operation. But even so, their business choices were becoming expensive.

In order to counter existing hydro-electric costs for its energy consumption Amber's father insisted on going solar, but start-up costs for implementing that change were draining financial resources. In the end, the company chose to opt for a **hire purchase agreement** to cover the acquisition of equipment. As green a decision as it may have been, the latter part of that first summer had been too overcast to make the panels viable. The poor weather meant two monthly bills were being paid instead of the intended one. Amber's father looked frustrated.

"We made a conscious decision to extend the growing season to three hundred and sixty five days of the year by bringing the crops indoors. In order to accommodate this we refurbished our barns to function as year round greenhouses. After almost exhausting our existing **capital** to make that happen, we took yet another step installing solar panels and even then we still have to check the skies every morning like dirt farmers watching for inclement weather."

Despite the **economic growth** forecasted for the industry, the **balance sheet** at Homegrown Organics looked positively dismal. Amber's attention quickly moved to the Jimmy Raglan **bond** in the file folder on her desk. The end of their first year meant a very large **debt** needed to be managed. If not, some serious conditions would apply. To make matters worse, **losses** this month put **accrued expenses,** in the form of salaries, for their three employees in serious jeopardy of not being paid. If anything bothered her Dad more, it was not being able to pay his hardworking employees. If he had to, he would dip into his personal savings to fulfil his financial obligations to the men and woman working under him.

When Raglan finally caught wind of the difficulties at Homegrown Organics, he spared no time making his next move. When the monies loaned to the company were not paid to him by the agreed date, a Raglan lawyer visited the offices of Homegrown Organics with an ominous demand. There would be an **audit** in due time and Amber was to provide the company's **general ledger** without delay.

Mr. Menninger was distraught when his office informed him of Raglan's intentions.

"He's waiting to attack," he said to his wife later. "I thought for sure this was the kind of news Amber would be delivering to me, but I haven't seen her all day."

No one had seen her at work that day and this bothered her father. No reported sick calls had been made and her cell phone wasn't working, or it was simply turned off. Mr. Menninger had a green thumb. His abilities were nurturing seeds and encouraging growth. Amber's skill set, on the other hand, was keeping things alive. He needed his accounting specialist more than ever.

Inside the accounting office, Amber's assistant was gathering the necessary **paperwork** for tomorrow's scheduled audit. Mr. Menninger was beginning to pace nervously in the greenhouse. He knew the **book value** of the business was going to lean negatively in the **liability** column. Just as that nightmare was beginning to unfold in his head, Amber came rushing in the door.

"Did you miss me today Buzz," she said smiling?

Her Dad cast a surprised look in her direction.

"Where have you been," he demanded?

"I've been out drumming up business and I have good news to report. It helps wearing two hats when the need warrants. I heard last night that the University in Denver was beginning a two year medical study into dosage requirements for medical marijuana and the potential problems associated with the large variety of strains on the market. As you know, we have an impressive **inventory** of strains on hand here and I was able to convince them that

71

we could supply the entire product they need to move forward with their study over the next two years. The bonus is they have already provided a signed contract and full funding for our services."

Amber's Dad was speechless, but what he was thinking became clearly evident as a smile began to build on his face. In business they talk about a company's **tangible** and **intangible** assets. What they don't always talk about is the invaluable assets a committed employee (and an even greater daughter) could bring to the table.

Polyglot Planet Recommends:

Learn French
Bilingual Book
The Life of Cleopatra
from biLingOwl Books

Learn French
Bilingual Book
The Adventures of Julius Caesar
from biLingOwl Books

Learn French
Bilingual Book
Vercingetorix vs Caesar
The Battle of Gaul
from biLingOwl Books

Learn French
Bilingual Book
I am Spartacus
from biLingOwl Books

Learn French - Easy Listener
Easy Reader

French Easy Reader - Easy Listener
Parallel Text
Audio Course
No. 1

French Easy Reader - Easy Listener
Parallel Text
Audio Course
No. 2

French Easy Reader - Easy Listener
Parallel Text
Audio Course
No. 3

Other Books part of the Learn French Parallel Text Series:

Learn French
Parallel Text
Easy Stories

Learn French II
Parallel Text
Easy Stories

Learn French III

Parallel Text
Short Stories
(Intermediate Level)

Learn French IV
Parallel Text
Easy Stories

Printed in Great Britain
by Amazon